Harumi 16

高橋はるみ 北海道知事16年の軌跡

財界さっぽろ

※次ページ以降の写真説明の肩書、施設名は、すべて当時

2003年（平成15年）

知事選立候補者としてのプレス用顔写真。49歳になったばかり（札幌グランドホテル、2月5日撮影）

立候補を決意したのは1月29日だったという。本人が一番好きな色という淡いグリーンのスーツで出馬会見に臨み、司会者も置かず全て一人で受け答えした(札幌グランドホテル、2月5日撮影)

「北海道を愛するみんなの会」主催のイベントに旧通産省時代の1年先輩にあたる太田房江大阪府知事が応援に駆けつけた(ホテルニューオータニ札幌、3月19日撮影)

自民党道連総決起集会に出席(札幌パークホテル、2月23日撮影)

新人9人が立候補した知事選で、79万票余りを獲得。道政史上初となる女性知事が誕生した(4月13日撮影)

初登庁(4月23日撮影)

2003年(平成15年)

堀達也前知事から事務引き継ぎを終える(北海道庁、4月23日撮影)

参加企業が136社に及んだ道内最大のIT業界団体「北海道IT推進協議会」のキックオフパーティーに出席。左から山下司SIU専務、中村真規デジック社長、宮崎和雄北海道ビジネスオートメーション本部長、髙橋、岩谷公司インフォネット社長、柏崎俊雄アイ・ティ・エス社長、宮田昌和サンエス電気通信社長(京王プラザホテル札幌、6月18日撮影)

2003年（平成15年）

コンサドーレ札幌対アルビレックス新潟戦に始球式のゲストとして招かれ、1万4000人のサポーターを前に華麗なキックを披露（札幌ドーム、5月31日撮影）

札幌ドームでおこなわれた日本ハムファイターズ対近鉄バファローズ戦の始球式。このとき着ていたユニホームの背番号は、当時の道内の市町村数「212」だった（8月18日撮影）

定例道議会予算特別委員会での総括質疑に臨む(10月16日撮影)

2003年（平成15年）

この日、道の経済顧問として招聘した島田晴雄慶應義塾大学教授とともに「少子化を考える道民フォーラム」のパネリストとして参加(札幌・道新ホール、11月22日撮影)

2003年(平成15年)

内外調査会札幌支部主催の講演会講師として来道中の松田昌士JR東日本会長と面談(札幌・JR北海道本社、10月23日撮影)

7回目となる「ガンバロウ北海道 餅つき大会」で、坂本眞一JR北海道会長と一緒に杵を振り下ろす(JR札幌駅西コンコース、12月26日撮影)

2004年（平成16年）

胃がん治療のため1月15日から札幌厚生病院に入院、2月12日に退院した。入院生活は29日間におよんだ（札幌厚生病院玄関前、2月12日撮影）

69日ぶりとなる公務復帰は第1回定例道議会の最終日だった(道議会玄関前、3月24日撮影)

脳梗塞のため2月2日に死去した元知事・堂垣内尚弘氏の「追悼の会」に実行委員長として出席。大先輩の遺影を前に式辞を述べた(北海道庁赤れんが庁舎、3月29日撮影)

2004年（平成16年）

イラクで拘束された今井紀明さんと高遠菜穂子さんの家族を迎える
（北海道庁、4月27日撮影）

国内最大規模の工場となる
セイコーエプソン千歳事業所
の竣工式に出席（千歳・美々
ワールド、7月22日撮影）

若者の職探しを支援する北海道若年者就職支援センター（ジョブカフェ）のオープニングセレモニーに出席（三井生命札幌共同ビル、7月1日撮影）

女性知事サミットを札幌で開催。左2人目から堂本暁子千葉県知事、太田房江大阪府知事、潮谷義子熊本県知事（知事公館、7月23日撮影）

2004年（平成16年）

夏の甲子園（第86回全国高校野球選手権大会）で駒澤大学付属苫小牧高校が優勝。北海道庁前に特設ステージをつくり、優勝報告会を開催した。約7000人のファンが集まった（8月24日撮影）

2005年2月に長野で開かれる「第8回スペシャルオリンピックス世界大会」を多くの人に知ってもらおうと企画された「500万人トーチラン(聖火リレー)」で、トーチラン委員会委員長を務める細川護熙元首相夫人の佳代子さんらと走る(北海道庁赤れんが庁舎前、10月24日撮影)

2004年（平成16年）

胆振管内穂別町（現・むかわ町）のお年寄りがつくる自主制作映画「ラ・リズィエール（仏語で『田んぼ』の意味）」に出演。演技指導をしてくれたのは映画監督の崔洋一氏だった（知事公館、10月24日撮影）

北海道を愛するみんなの会が主催する政経セミナーでの講演（札幌プリンスホテル、11月18日撮影）

2004年（平成16年）

地域経済の実情を把握する全国行脚の一環で、北海道庁を訪れた伊東達也金融担当大臣を迎える（12月15日撮影）

2005年（平成17年）

降りしきる雪の中、さっぽろ雪まつりを見学する小泉純一郎首相をアテンド（さっぽろ雪まつりすすきの会場、2月10日撮影）

北海道漁業協同組合連合会（道漁連）が中国・上海市内の5つの大型スーパーで道産水産物販売促進フェアを開催。北島哲夫道漁連会長らとともに現地に乗り込んだ（1月17日撮影）

赤れんが庁舎前に設置された「希望の樹」に坂本眞一 JR北海道会長と絵馬をかける（1月14日撮影）

北海道観光をアジアに売り込む「北海道観光ビジネスフォーラム」で来賓として挨拶(ロイトン札幌、2月22日撮影)

2005年(平成17年)

自民党は3月26日から28日までの3日間、釧路、根室両市で党員向けの北方領土研修会を開いた。写真左から町村信孝外務大臣、高橋、小池百合子環境・沖縄北方担当大臣(根室・北海道立北方四島交流センター、3月27日撮影)

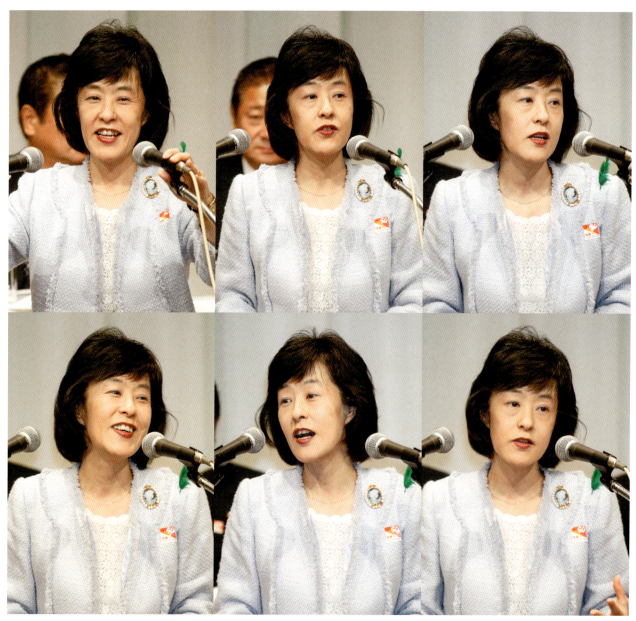

自民党道連大会での挨拶(札幌グランドホテル、4月16日撮影)

2005年（平成17年）

北海道町村会の定期総会に特別講師として招かれた前岐阜県知事の梶原拓氏と歓談（ホテルポールスター札幌、4月27日撮影）

北海道新幹線がついに着工。その「記念の集い」に出席するため来道した北側一雄国土交通大臣と握手する（渡島管内大野町＝現・北斗市＝、5月22日撮影）

2匹の愛犬、アレックス（左）とシーザー（3月15日撮影）

道営競馬の開催に合わせコスモバルクの激励会が札幌競馬場でおこなわれた。写真左から橋本聖子自民党道連会長、馬主の岡田美佐子さん、岡田繁幸ビッグレッドファーム代表（4月20日撮影）

2005年（平成17年）

自身の後援会パーティーで、知事選でも歌った「春が来た」を披露（札幌パークホテル、6月10日撮影）

道議会議員を8期務める高木繁光氏。その議員生活30周年の祝賀会に出席（サッポロルネッサンスホテル、6月13日撮影）

ファイターズガールと一緒に新米をプレゼントする（JR札幌駅、10月22日撮影）

全国から約8200人の経営者が集結した中小企業団体中央会の全国大会に「大会名誉会長」の肩書で出席。北海道中小企業団体中央会の渡辺正利会長らとともに会場に入る(札幌ドーム、9月15日撮影)

2005年（平成17年）

支持者ら約950人が出席した「高橋はるみ政経文化セミナー」にて（札幌プリンスホテル、11月10日撮影）

2006年（平成18年）

難航していた道職員の給与削減案をめぐる労使交渉が妥結。疲れた表情で記者会見に臨む。2006年度から2年間の限定で全職員（一般職、教職員、警察官）の給与を10％削減、管理職手当の20％削減、査定昇給の一部凍結など、組合側には非常に厳しい内容となった（北海道庁3階ロビー、1月25日撮影）

自民党道州制調査会のタウンミーティングに岩田圭剛札幌商工会議所副会頭、五十嵐千嘉子北海道総合研究調査会常務理事らと参加（札幌パークホテル、3月5日撮影）

自民党道連大会に来賓として出席。なぜかこの表情……（札幌パークホテル、3月18日撮影）

神崎武法代表ら公明党議員一行の千歳、苫小牧視察に同行（苫小牧港、5月27日撮影）

日中韓観光サミットにて。左から北側一雄国土交通大臣・観光立国担当大臣、金明坤韓国文化観光部長官、高橋、邵偉中国国家旅游局長（阿寒湖畔、7月1日撮影）。7月3日には札幌で北海道観光ビジネス・フォーラムなどが開催され、会場となった札幌パークホテルで道産品を紹介した

2006年(平成18年)

北方領土返還要求東北・北海道国民大会に出席。抱き合っているのは山中燁子外務大臣政務官(札幌・かでる2・7、8月30日撮影)

読売北海道ビルが完成。竣工祝賀パーティーで挨拶する(札幌グランドホテル、8月30日撮影)

札幌商工会議所100周年記念式典で挨拶(札幌パークホテル、10月5日撮影)

自身の政治資金パーティーで、作曲家・彩木雅夫氏（左）の協力を得てつくった「伝えてこの想い」を旧通産省の先輩でもある川口順子参議院議員と合唱（札幌プリンスホテル、10月11日撮影）

2006年（平成18年）

吉川貴盛衆議院議員の政経セミナーで来賓挨拶（札幌パークホテル、10月30日撮影）

2006年（平成18年）

北海道日本ハムファイターズは、1981年以来25年ぶり3度目のリーグ優勝と1962年以来44年ぶり2度目の日本一に輝いた。凱旋パレードに先立つオープニングセレモニーには、上田文雄札幌市長、高向巖札幌商工会議所会頭、坂本眞一JR北海道会長らの顔が（JR札幌駅南口広場、11月18日撮影）。翌19日、札幌ドームでトレイ・ヒルマン監督に栄誉賞を手渡した

「ウォームビズで『うちエコ!』フェスタ2006」をPR。左から土田品子環境副大臣、高橋、上田文雄札幌市長。家の中からできる温暖化対策として打ち出された有効策は「鍋料理」ということで、当別町商工会女性部がさまざまな鍋のレシピを紹介した(アリオ札幌、12月9日撮影)

2006年（平成18年）

再選に向け出馬表明。この時も4年前同様、司会者を置かないホワイトハウス方式の記者会見だった
（札幌グランドホテル、11月28日撮影）

43

2007年（平成19年）

札幌市長候補の清治真人氏と共同記者会見に臨む（札幌グランドホテル、1月6日撮影）

札幌商工会議所会員新年交歓会で鏡開き。左から大越誠幸札幌市議会議長、高橋、高向巖会頭、深野弘行北海道経済産業局長、上田文雄札幌市長（札幌パークホテル、1月15日撮影）

さっぽろ雪まつりの大雪像づくりに携わっている自衛隊員や市民ボランティアを激励。自らも雪像づくりを体験した（札幌・大通会場、1月26日撮影）

事務所開きでダルマの代わりに千羽鶴を飾って必勝を誓う（1月24日撮影）

2007年（平成19年）

公約発表、公開討論会など告示前から再選に
向けさまざまな催しに参加する

告示後の選挙戦

2007年（平成19年）

173万票余を獲得。民主党候補の荒井聰氏に75万票の大差をつけ、再選を果たす(4月8日撮影)

2007年（平成19年）

再選後、初となる登庁。いつもの"はるみスマイル"で入庁したが、その直後におこなわれた幹部職員への訓示は、一転きびしい表情に（北海道庁・4月12日撮影）

北海道日本ハムファイターズ・森本稀哲選手の北海道新幹線大使任命証授与に立ち会う(札幌ドーム、3月18日撮影)

吉川貴盛衆議院議員の妻・千恵子さんが3月21日に死去。吉川貴盛事務所で執りおこなわれた「お別れの会」に参列(4月21日撮影)

自身の政経セミナーに迎えたゲストは道産子アルピニストの栗城史多氏。栗城氏が山頂に持参する北海道地図が描かれた旗にサインした(札幌パークホテル、11月20日撮影)

翌年夏に開催される北海道洞爺湖サミットの舞台となる洞爺湖町を、安倍晋三総理大臣、中川昭一自民党政調会長らと視察
(洞爺湖畔、5月19日撮影)

家具インテリアチェーン大手の「ニトリ」が企画した「しあわせの桜ともみじ」プロジェクトに参加。財政再建団体となった夕張市に2万本のサクラやモミジを植え、地域再生を図る（夕張・石炭の歴史村公園、5月25日撮影）

2007年（平成19年）

東国原英夫宮崎県知事がJR釧網本線の浜小清水駅―藻琴駅間を試験営業運転しているDMVに試乗するため来道（JR浜小清水駅、7月20日撮影）

参院選候補、伊達忠一氏の集会で応援演説
(札幌グランドホテル、7月26日撮影)

道と札幌市は日本オリンピック委員会(JOC)と事前合宿の北海道誘致などを目的としたパートナー都市協定を締結した(北海道庁、12月18日撮影)

2007年（平成19年）

翌年に迫ったサミットを前に、G8の大使館職員や国内経済会の幹部らを招いて道産食材を使った料理をふるまう「北海道洞爺湖サミットの夕べ」。南山英雄北海道経済連合会会長、佐々木正丞北海道経済同友会代表幹事らが招待客を迎えた。胆振管内豊浦町出身のボクシング世界王者、内藤大助氏の顔も（東京プリンスホテル、11月16日撮影）

57

2008年（平成20年）

北海道観光を効果的に推進する新組織「北海道観光振興機構」が発足。初代会長には坂本眞一JR北海道相談役が就任した（札幌グランドホテル、4月1日撮影）

北海道洞爺湖サミットの主会場となるザ・ウィンザーホテル洞爺を視察する福田康夫首相に随行。同ホテルでは「地球温暖化問題に関する懇談会」も開かれ、座長の奥田碩トヨタ自動車相談役と談笑する場面も(4月5日撮影)

ノーベル平和賞受賞者で日本語の「もったいない」を世界中に広めたワンガリ・マータイさんが来道。知事公館を訪れた(6月3日撮影)

2008年（平成20年）

米国アーカンソー州知事を11年間務めた経験を持つマイク・ハッカビー氏が、佐藤美智夫札幌市議の仲介で知事公館を訪れた。佐藤市議と親交の深いアントニオ猪木氏も同行（6月19日撮影）

7月7日から3日間にわたって開催された北海道洞爺湖サミット。
北海道知事はそれ以前から、さまざまな関連行事に参加していた

北海道洞爺湖サミット記念環境総合展2008(6月19日撮影)

アウトリーチ国・国際機関歓迎レセプション(7月6日撮影)

J8サミット2008千歳支笏湖開会式(7月2日撮影)

JIMC(国際メディアセンター)内のアイヌ文化紹介ブースにて(7月5日撮影)

2008年(平成20年)

アウトリーチ国・国際機関歓迎レセプション。高橋の正面は潘基文国際連合事務総長(7月8日撮影)

カナダ・日本『こども環境サミット』(7月7日撮影)

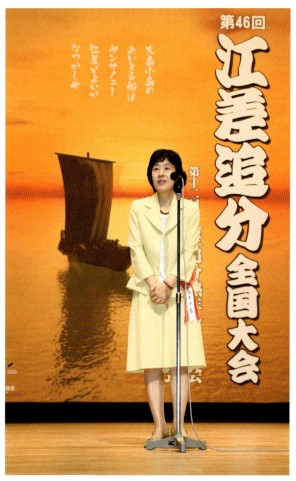

江差追分全国大会に初参加。実は大会名誉会長でもある（江差町文化センター、9月21日撮影）

プロ野球の名球会・OBクラブでつくる〝ドリームチーム〟と新十津川町選抜チームが対戦する「ドリーム・ベースボール」が実現した（新十津川町ふるさと公園ピンネスタジアム、5月18日撮影）

北海道洞爺湖サミットの開催を記念して、メーン会場となったザ・ウィンザーホテル洞爺の敷地内にメモリアルパークが完成。周辺自治体首長と竣工式に出席した（9月26日撮影）

燃料や飼料など生産資材価格の高騰に農業界が怒りの声を上げた「全道農業危機突破総決起集会」に駆けつける（札幌・大通公園、8月21日撮影）

2008年（平成20年）

鳩山邦夫総務大臣が夕張市を視察。藤倉肇夕張市長らとともに随行する（10月27日撮影）

10月19日から24日まで、ロシアのウラジオストク、ハバロフスク、ユジノサハリンスクを訪問した

2008年(平成20年)

北海道新幹線「札幌延伸」緊急総決起大会が東京で開かれ、道選出国会議員、道議会議員、沿線自治体関係者、経済団体幹部ら450人が集結した。ダルマを持つのはミスさっぽろの宮原里奈さん(海運ビル、12月4日撮影)

財界さっぽろ2008年11月号で「道民はもっと勝つ喜び、厳しさを知ろう」をテーマに、フリーキャスターの佐藤のりゆき氏と特別対談(北海道庁、10月2日撮影)

2008年（平成20年）

日本マクドナルドの原田泳幸会長兼社長兼CEO（写真左）が小児入院患者の家族向け宿泊施設「ドナルド・マクドナルド・ハウスさっぽろ」を「北海道立子ども総合医療・療育センター」横に完成。祝賀会がおこなわれた。写真右は開原成允ドナルド・マクドナルド・ハウス・チャリティーズ・ジャパン理事長（札幌グランドホテル、12月18日撮影）

2009年（平成21年）

北海道新聞社グループ21社が主催する新年交礼会。会場で〝今年の一字〟を求められ「絆」と書いた（ロイトン札幌、1月4日撮影）

1月18日から21日まで北京を訪れ、北海道の物産と観光を売り込んだ。写真後列左から坂本眞一北海道観光振興機構会長、釣部勲北海道議会議長、滝沢靖六北海道貿易物産振興会会長(イトーヨーカ堂望京店、1月19日撮影)

建設資金の出資から建設まで、すべて室蘭市民や地場企業でまかなった「むろらん広域センタービル」(室蘭市海岸町1)が竣工。その祝賀会には地元選出の代議士、鳩山由紀夫民主党幹事長ら約180人が出席した(2月28日撮影)

第1回定例道議会は支庁再編問題で混迷を極めた。4度の会期延長の末、3月31日午後10時過ぎに閉幕。各会派への挨拶に向かった(道議会、3月31日撮影)

政権交代をにらんでか、メーデーに初出席
(札幌・大通公園8丁目、5月1日撮影)

北海道の自衛隊体制維持を求める総決起集会に鉢巻き姿で出席（札幌パークホテル、5月14日撮影）

春の叙勲で「旭日重光章」を受章した元知事の堀達也氏。その記念祝賀会で挨拶する（札幌プリンスホテル、6月19日撮影）

野球殿堂入りした元ヤクルトスワローズの若松勉氏。その祝賀会で主役からビールを注がれる（札幌パークホテル、7月25日撮影）

8月24日から9月2日にかけてブラジル、パラグアイ両国を歴訪。パラグアイではイグアス移住地に「道産子の森」を新設した（8月29日撮影）

2009年（平成21年）

知事7年目にして初めて
連合北海道の定期大会に
出席（北海道厚生年金会
館、10月27日撮影）

政権交代後、初となる自身の政経セミナー
だったが、約1300人が参加。セミナー終
了後、支援者が持参した帽子にサインする
（札幌パークホテル、10月30日撮影）

檜山管内江差町で開催された「支庁制度改革に係る協議」に出席。道側と地元首長側の議論は平行線をたどった。横殴りの雪の中、会場を後にする(江差町・ホテルニューえさし、12月14日撮影)

2009年（平成21年）

札幌大学で「北海道の可能性と地域主権」をテーマに特別講演。140席ある教室は満席だった（12月16日撮影）

2010年（平成22年）

2003年5月に副知事に就任。在任期間は歴代3位となる6年10カ月。側近中の側近として高橋道政を支えてきた山本邦彦副知事が退任の日を迎えた（北海道庁3階特別職フロア、3月31日撮影）

民主党政権の原口一博総務大臣が雪まだ残る夕張市を訪れた（4月17日撮影）

劇団四季は2011年1月の完成を目指し、札幌に専用劇場「北海道四季劇場」の建設を発表。浅利慶太劇団四季代表、上田文雄札幌市長、菊池育夫北海道新聞社社長らと会見に臨んだ（札幌グランドホテル、5月17日撮影）

2010年（平成22年）

12回目となる「日中韓3カ国環境大臣会合」が千歳市と苫小牧市で開催。苫小牧での昼食会ではホステス役に徹した。写真左から周生賢中国環境保護部長、小沢鋭仁環境大臣、高橋、李萬儀韓国環境部長官（苫小牧・ホテルニドム、5月23日撮影）

APEC貿易担当大臣会合で、岡田克也外務大臣らと記念植樹
（札幌コンベンションセンター、6月5日撮影）

2010年（平成22年）

6月13日夜に腹痛と吐き気を訴え、翌14日、急性腹症で緊急入院。9日後、公務に復帰した。北海道庁3階フロアで報道陣に囲まれるなか、全快をアピールする（6月22日撮影）

自身の政経セミナーのゲストはスピードスケート選手の岡崎朋美さん。「五輪とわたし」というテーマで特別講演をした。セミナー参加者は1200人を超えた（札幌パークホテル、9月7日撮影）

衆議院北海道5区補選で町村信孝氏の応援に来ていた石原伸晃自民党幹事長と談笑(札幌・厚別西会館、10月17日撮影)

2010年（平成22年）

夏の参院選では長谷川岳氏が道選挙区でトップ当選、10月24日におこなわれた5区補選では町村信孝氏が圧勝と、久々に明るいムードに包まれた自民党道連の政経セミナー。来賓の大島理森副総裁も上機嫌だった（札幌パークホテル、10月30日撮影）

2011年(平成23年)

3選出馬会見(札幌グランドホテル、1月3日撮影)

出馬会見に先立ち、後援会会長の山口博司伊藤組会長とともに北海道神宮で必勝祈願した（1月3日撮影）

自民党道連臨時大会(札幌パークホテル、2月26日撮影)

第一声(3月24日撮影)

出陣式(3月24日撮影)

「北海道のおふくろさん高橋はるみさんと次世代への想いを紡ぐ夕べ」(札幌プリンスホテル、3月3日撮影)

2011年（平成23年）

2位の木村俊昭氏に130万票以上の差をつける184万票を獲得して3選を果たした（4月10日撮影）

知事室がある北海道庁3階のロビーで女性職員から花束を受け取る（4月14日撮影）

東日本大震災発生から2日後の3月13日、津波の被害を受けた日高、十勝管内4町の被災状況を視察した

台湾の国会議員、観光業者、メディア関係者ら約300人の大訪問団を連れて北海道にやってきた台湾立法院の王金平院長。東日本大震災による東京電力福島第1原子力発電所の事故以来、海外からの観光客が激減する北海道にとって力強い応援となった（京王プラザホテル札幌、5月12日撮影）

2011年（平成23年）

北海道庁内で臨時記者会見を開き、調整運転中の北海道電力泊原子力発電所3号機の営業運転再開について容認する考えを正式に表明した（8月17日撮影）

3選後初となる自身の政経セミナーを開催。東京での公務のため遅れて会場入りした(札幌パークホテル、9月7日撮影)

2011年（平成23年）

第40回「ホクレン大収穫祭」のオープニングセレモニーに駆けつける（札幌三越、10月18日撮影）

第15回「北海道・北東北知事サミット」では司会役を務めた
(苫小牧・ホテルニドム、11月18日撮影)

2011年（平成23年）

北海道新幹線札幌延伸後、新函館―函館間を第3セクターで運営するよう説得するため、電撃的に函館を訪問。工藤寿樹函館市長と会談した（ホテル函館ロイヤル、12月18日撮影）

2012年（平成24年）

北海道日本ハムファイターズの栗山英樹監督が表敬訪問。サインボールのプレゼントにニッコリ（北海道庁、1月19日撮影）

札幌モーターショー2012で、日産自動車のニューコンセプトカー「PIVO3」に試乗(札幌ドーム、2月17日撮影)

平野博文文部科学大臣が知事公館を訪れ懇談(2月4日撮影)

第一管区海上保安本部の巡視船「しれとこ」の就役式。寒風吹きすさぶ甲板上で挨拶(小樽・色内埠頭、3月26日撮影)

2012年（平成24年）

15歳の天才ジャンパー高梨沙羅選手に感謝状を手渡す
（北海道庁、4月2日撮影）

3月に「中日友好協会」会長に就任した唐家璇氏が来道。歓迎レセプションには約300人が出席した。写真左から高向巌札幌商工会議所会頭、青木雅典北海道日中友好協会会長、高橋、唐家璇中日友好協会会長、程永華中国駐日本国特命大使（京王プラザホテル札幌、4月28日撮影）

2012年（平成24年）

日本航空国内線ファーストクラスのシートに座り、旭川の和食店「和三条かた岡」が監修する機内食を試食。隣で見つめるのは植木義晴日本航空社長（札幌グランドホテル、6月14日撮影）

道内各地のゆるキャラが大集合。JRグループが中心となり、官民一体で実施する観光推進事業「北海道デスティネーションキャンペーン」のオープニングイベントに、坂本眞一道観光振興機構会長、小池明夫JR北海道社長らと出席(JR札幌駅西改札口前、7月1日撮影)

2012年（平成24年）

「北海道新幹線新函館（仮称）・札幌間建設工事起工式」がおこなわれる渡島管内長万部町では、町民からも町のマスコット「まんべくん」からも熱烈な歓迎を受けた（8月25日撮影）

10月31日、タイ国際航空による新千歳—バンコク直行便が就航。翌日、札幌でレセプションが開催された。右がタイ国際航空のパンディット・チャナパイ副社長(JRタワーホテル日航札幌、11月1日撮影)

2012年（平成24年）

12月16日投開票の衆議院議員選挙で、5区の町村信孝氏は入院中。候補者不在の中、公示日を迎えた（札幌・町村信孝事務所、12月4日撮影）

2013年（平成25年）

「NDC（日本デザイナークラブ）新春チャリティーパーティー 2013」の中で、作曲活動 50 周年を迎えた彩木雅夫氏に感謝状を手渡す（札幌パークホテル、2月1日撮影）

北海道とタイ・チェンマイ県が友好協定を結ぶ。写真前列左はチェンマイ県知事のタニンスパセーン氏（知事公館、2月26日撮影）

東京ディズニーランドが開園から30周年を迎え、感謝を伝えるべく人気キャラクターらが北海道庁を訪れた。左からミッキーマウス、東京ディズニーリゾートアンバサダーの永井綾香さん、高橋、ミニーマウス（5月24日撮影）

7月21日投開票の参議院議員選挙。選挙戦最終日に自民党候補の応援に駆けつけた。左から橋本聖子氏、高橋、伊達忠一氏（JR札幌駅南口、7月20日撮影）

本人の「派手にしないで」という要望から〝地味に〟おこなわれた「知事就任10周年を祝う懇親会」。参加者は後援会関係者などに限られた(ホテルポールスター札幌、3月29日撮影)

2013年（平成25年）

日本一の起業家を選ぶ「アントレプレナー・オブ・ザ・イヤージャパン」。2013年の北海道代表を決める「北海道アントレプレナーシップアワード2013」には、伊藤博之クリプトン・フューチャー・メディア社長が選出された(札幌・センチュリーロイヤルホテル、8月27日撮影)

2013年（平成25年）

5月23日、世界最高記録となる80歳でエベレスト登頂に成功した
三浦雄一郎氏に栄誉賞を授与（北海道庁、9月26日撮影）

2013年（平成25年）

「アイヌ政策推進会議」の座長を務める菅義偉官房長官が、同会議の開催場所である北海道庁赤れんが庁舎に到着。出迎えて館内を案内した（9月11日撮影）

年齢を重ねても、生き生きと楽しく、かっこよく、そして魅力ある人生を送る人を表彰する「北海道グッドエイジャー賞」に俳優の伊吹五郎さんとともに選ばれる（丸井今井札幌本店、9月28日撮影）

2013年（平成25年）

愛犬のミニチュアダックスフンド、アレックスと（知事公邸、10月25日撮影）

2014年（平成26年）

北海道日本ハムファイターズを応援する女性の会「はまなすファイターズ」の新年会に出席。前年の成績が最下位だっただけに、挨拶にも熱がこもる（札幌パークホテル、1月14日撮影）

農業高校が舞台となる映画「銀の匙」を配給する東宝と道が包括連携協定を締結。池田隆之北海道東宝社長から劇中で生徒が着ているジャージをプレゼントされた（北海道庁、1月23日撮影）

女子カーリングでソチ五輪に出場する日本代表「北海道銀行フォルティウス」5人の壮行会に出席。小笠原歩選手と杯を交わす（札幌パークホテル、1月23日撮影）

ソチ五輪で活躍した男子スキージャンプ選手それぞれに「栄誉賞」を授与。左から葛西紀明選手、清水礼留飛選手、伊東大貴選手（北海道庁、3月26日）

2014年（平成26年）

自民党5区支部セミナーでのひとコマ（シェラトンホテル札幌、5月25日撮影）

道内経済団体トップとともに太田昭宏国土交通大臣に「国土交通政策に関する提案・要望」書を手渡す（ロイトン札幌、5月10日撮影）

自身の政経セミナー終了後、囲み取材を受ける。任期まで残り9カ月、4選についての質問が飛ぶ(札幌パークホテル、7月23日撮影)

2014年（平成26年）

俳優の大泉洋さんなどが所属する芸能事務所「クリエイティブオフィスキュー」と包括連携協定を締結。右は伊藤亜由美社長（北海道庁、8月28日撮影）

伊達忠一参議院議員の政経セミナーに出席。講師の森喜朗元総理からの"口撃"にタジタジ（札幌パークホテル、8月1日撮影）

「神内ファーム21」(空知管内浦臼町)の神内良一代表が、収穫したマンゴー、ブドウ、イチジクを持って北海道庁を訪問。さっそくいただく(8月29日撮影)

日米協会国際シンポジウム開会式での挨拶
（札幌コンベンションセンター、9月6日撮影）

「ななつぼし」「ゆめぴりか」「ふっくりんこ」の新米を受け取る。左からミス道産米の斉藤真美さん、北海道米販売拡大委員会の内田和幸委員長（北海道庁、10月24日撮影）

2014年（平成26年）

北海道新幹線PR用の特製マフラーを巻いて「北海道新幹線開業まで遅くても500日前記念セレモニー」に出席（札幌グランドホテル、11月17日撮影）

2015年（平成27年）

4 選出馬表明。赤の勝負服を身にまとい、記者会見場にあらわれた（札幌グランドホテル、1月4日撮影）

目前に迫った統一地方選の候補者が勢ぞろいした自民党道連臨時大会(札幌パークホテル、2月28日撮影)

2015年（平成27年）

事務所開きには、自民党道連の和田敬友会長代行、公明党道本部の荒瀬嘉介幹事長代行、北海道経済連合の大内全会長ら約280人が出席。壁には安倍晋三自民党総裁の為書が（2月6日撮影）

4度目の初登庁（知事室のある北海道庁3階、4月15日撮影）

キャロライン・ケネディ駐日アメリカ大使は2月3日から2日間、北海道を公式訪問。最初の
訪問地である「アイヌ民族博物館」(胆振管内白老町)を案内した(2月3日撮影)

「北海道開拓記念館」と「道立アイヌ民族文化センター」を統合した「北海道博物館」がオープンした。テープカットなどの式典後、内部を見学(4月18日撮影)

3年連続で祝い事があったというフランス料理シェフの三國清三さん。似鳥昭雄ニトリホールディングス社長らが発起人となり祝賀パーティーが開催された（札幌グランドホテル、2月16日撮影）

2015年（平成27年）

知床が世界遺産に登録されて10年。網走管内斜里町では「知床国立公園50周年・世界遺産10周年記念式典・講演会」が開催された。講演会のゲストとして招かれていた北海道日本ハムファイターズの稲葉篤紀スポーツ・コミュニティー・オフィサーと廊下でバッタリ（斜里町・ゆめホール知床、7月4日撮影）

北海道新幹線の開業日が「2016年3月26日」と決定。カウントダウンをするモニュメントがJR札幌駅に設置された。北海道新幹線開業PRキャラクター「どこでもユキちゃん」と喜びを分かち合う(JR札幌駅西コンコース、9月18日撮影)

2015年（平成27年）

新幹線が通る東北、北関東の知事を迎えた
「北海道新幹線知事フォーラム」に参加。左2
人目から達増拓也岩手県知事、村井嘉浩宮
城県知事、福田富一栃木県知事（札幌・
STVホール、10月17日撮影）

自身の政経セミナー。司会者のアナウンスを受け、満面の笑みで会場に入る(札幌パークホテル、11月18日撮影)

2015年（平成27年）

北海道新幹線の開業を3カ月後に控え、新函館北斗駅を視察。右は高谷寿峰北斗市長（12月16日撮影）

2016年（平成28年）

北海道新幹線の試乗会がおこなわれ、新函館北斗―木古内間の33.5㌔を往復した。（1月30日撮影）

北海道新幹線（新函館北斗─新青森間149㌔）がついに開業。
さまざまなイベントがおこなわれた（3月26日撮影）

2016年(平成28年)

札幌モーターショーで道産EV車に試乗（札幌ドーム、1月22日撮影）

シンガポールのチャンギ国際空港を拠点とするLCC「スクート」が、10月1日から新千歳空港への就航を決定。スクートのキャンベル・ウィルソンCEOらが北海道庁を表敬訪問した（4月19日撮影）

「ニトリ小樽芸術村」（ステンドグラス美術館、アール・ヌーヴォーグラス館）がオープン。似鳥昭雄ニトリホールディングス会長らとで英国ビクトリア朝時代に制作されたステンドグラスを鑑賞（小樽・ステンドグラス美術館、7月23日撮影）

夏の甲子園に全国最多となる37回目の出場を果たした北海高校。エースで4番でキャプテンという大西健斗選手を擁し、準優勝という成績を残した（北海道庁、8月26日撮影）

自民党の二階俊博幹事長が実質的に率いる派閥「志帥会」の北海道夏合宿に参加。台風被害を受けた上川管内美瑛町や深川市の被災現場へも足を運んだ（8月26～28日撮影）

2016年（平成28年）

北海道への功労がとくに顕著な人物に贈られる「北海道功労賞特別賞」。1969年の創設以来2人目となる受賞者は
伊藤義郎伊藤組土建名誉会長だった（札幌グランドホテル、10月27日撮影）

翌々年に控えた「北海道150年事業」に備え、約70の行政機関、団体から代表者約100人が出席し「北海道150年事業実行委員会」を設立。会長は高橋。横断幕の文字は北広島高校書道部が書いた(ホテル札幌ガーデンパレス、11月7日撮影)

2016年（平成28年）

2017年（平成29年）

外務省主催の「地方を世界へ」プロジェクトにて。岸田文雄外務大臣、武井俊輔外務大臣政務官らとともにシンポジウムのパネリストとして登壇。意見を交わした（札幌・北海道大学学術交流会館、4月23日撮影）

ニュージーランドのビル・イングリッシュ首相（写真奥中央）立ち会いのもと、スティーブン・ペイトン駐日大使とパートナーシップに関する覚書を交わす（JRタワーホテル日航札幌、5月18日撮影）

故・町村信孝衆議院議員の3回忌となる「偲ぶ会」で挨拶（札幌パークホテル、6月4日撮影）

サツドラホールディングスの新業態「北海道くらし百貨店」の内覧会に参加。630平方㍍店舗面積に、道産にこだわった食品や雑貨など約1500アイテムを取りそろえた。写真上は富山睦浩サツドラホールディングス会長、写真下は富山浩樹同社長（札幌・ノルベサ、6月21日撮影）

2017年（平成29年）

ボールパーク構想の説明に知事公館を訪れた竹田憲宗北海道日本ハムファイターズ社長。会談は33分に及んだ（6月29日撮影）

駐日ベトナム大使の歓迎レセプションにて。前年3月、北海道ベトナム交流協会の発足にあたり、初来道したグエン・クオック・クオン駐日大使からプレゼントされたストールを着用した。上写真左からクオン駐日大使夫妻、高橋、武部勤北海道ベトナム交流協会会長(京王プラザホテル札幌、7月14日撮影)

2017年（平成29年）

自身の政経セミナー終了後、出席者を見送る
（札幌パークホテル、8月3日撮影）

1869年7月17日、松浦武四郎は蝦夷地の名称を「北加伊道」にすべしと明治政府に提案。それにちなんで北海道議会では、3月の定例会で7月17日を「北海道みんなの日」(愛称：道みんの日)と制定した。そして迎えた初めての「道みんの日」。道議会本会議場では記念式典、ホテルポールスター札幌ではレセプションパーティーがおこなわれた(7月17日撮影)

2017年（平成29年）

北海道日本ハムファイターズのマスコットキャラクター「B☆B」はファイターズを卒業。〝北海道のマスコット〟に転身した（札幌ドーム、11月26日撮影）

旭日重光章を受章した伊藤義郎氏の祝賀会に出席（京王プラザホテル札幌、11月28日撮影）

2017年（平成29年）

自身の後援会「北海道を愛するみんなの会」が主催する初めての地方開催のセミナー会場にて（函館・花びしホテル、12月6日撮影）

2018年（平成30年）

北海道命名150年を記念したキックオフ特別イベント「キタデミー賞」で、北海道が「最優秀作品賞」を受賞。トロフィーを受け取った（札幌・ニトリ文化ホール、2月5日撮影）

吉川貴盛衆議院議員の新春の集いに
来賓として出席（札幌グランドホテル、
3月17日撮影）

北海道庁前広場で開催された「平昌オリンピック・パラリンピックどさんこ選手を讃える会」。スピードスケートで大活躍した高木美帆選手に栄誉賞の額を手渡す（5月6日撮影）

道立から市立となった三笠高校に、生徒が調理や接客、販売もおこなうレストラン「エソール（フランス語で『飛翔』の意味）」がオープン。このユニークな取り組みにエールを送るべく、林芳正文部科学大臣も同校を訪れた（7月22日撮影）

2018年（平成30年）

自民党道連定期大会に出席。
2003年に北海道アイヌ協会からプ
レゼントされたアイヌ衣装をまとった
（札幌グランドホテル、5月20日
撮影）

G20開催候補地であるHANAZONOリゾート(後志管内倶知安町)で、視察に来る菅義偉官房長官を談笑しながら待つ。左から鈴木保昭倶知安町議会議長、後志支庁選出の村田憲俊道議(8月21日撮影)

つしま医療福祉グループ(対馬徳昭代表)が1994年から毎年開催している「アンデルセングルメ祭り」に鈴木直道夕張市長と出席(札幌・アンデルセン福祉村、9月2日撮影)

2018年（平成30年）

二階俊博自民党災害対策本部長による北海道胆振東部地震の被災地視察に同行。厚真町役場前の献花台に献花する（9月16日撮影）

第14回 JNB（日本ニュービジネス協議会連合会）新事業創出全国フォーラム in 北海道にて（札幌パークホテル、10月17日撮影）

2018年（平成30年）

自身の後援会「北海道を愛するみんなの会」で次期知事選不出馬の了承を得た後、報道陣の囲み取材を受ける（札幌エクセルホテル東急、12月15日撮影）

2019年（平成31年）

北海道新聞社グループの新年交礼会に出席。7月の参議院選挙に北海道選挙区から立候補する予定者とカメラに納まる。左からの日本共産党の畠山和也氏、高橋、北海道新聞社の広瀬兼三社長、国民民主党の原谷那美氏（ロイトン札幌、1月4日撮影）

自民党道連臨時大会に出席。統一地方選、参議院選に出馬する候補者らと必勝を誓う（札幌パークホテル、2月23日撮影）

全国唯一の与野党激突となった北海道知事選。後継候補である鈴木直道氏の選挙対策事務所に駆けつけ、初当選を祝う(4月7日撮影)

2019年（平成31年）

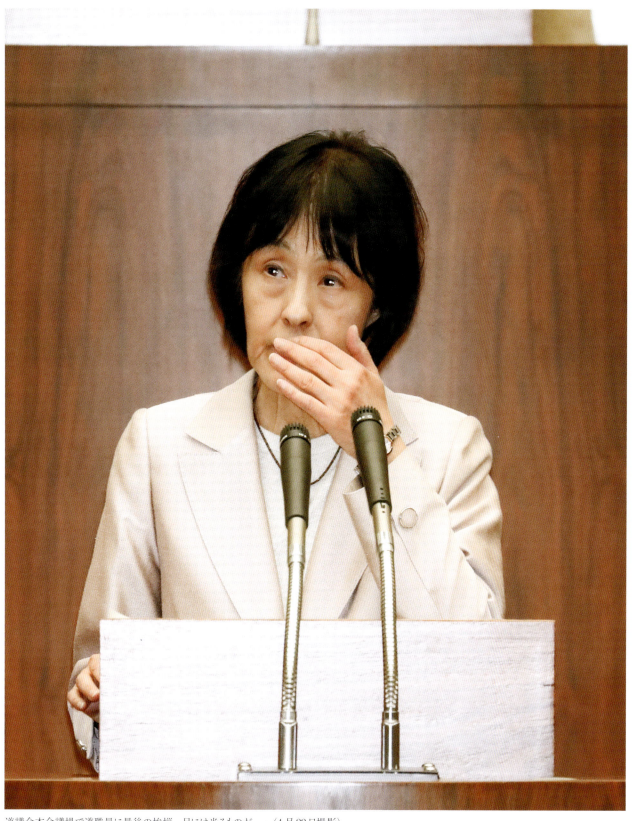

道議会本会議場で道職員に最後の挨拶。目には光るものが……（4月22日撮影）

2019年（平成31年）

知事として最後の記者会見に臨む。時おり目を潤ませるなど、約40分におよんだ会見で、さまざまな表情を見せた（北海道庁、4月22日撮影）

多くの道職員に見送られ、北海道庁を去る(4月22日撮影)

2019年（平成31年）

あとがきにかえて

　おそらく「高橋はるみ」という人物は、北海道の中で最も多くの写真を撮られた女性だろう。とくに知事となる2003年から、その任を退く2019年までは、どんな芸能人やスポーツ選手よりも多かったに違いない。

　かくいう『財界さっぽろ』も、地元の政治・経済誌として、つねに知事の動向をチェックし、その姿をカメラに収めてきた。画像数は、ゆうに数万点におよぶ。今回、写真集をつくるにあたり当社がストックする高橋はるみ画像の総チェックに挑むことになった。

　その前に、なぜこの写真集を世に出すことにしたのか、動機を説明したい。

　高橋はるみが知事選に出馬したのは49歳のときである。当時の彼女は、通商産業省が経済産業省となった最初の「北海道経済産業局長」だった。北海道の経済活性化を目指して「北海道スーパークラスター振興戦略」を打ち出し、ITとバイオテクノロジーへの支援を積極的に推進していた。経産省としては、坂本春生（元札幌通産局長）、川口順子（元外務大臣）、太田房江（大阪府知事）に次いで売り出したい期待の女性官僚。実際「このままいけば本省の局長になり、女性第1号の事務次官も夢ではない」との声もあったほどだ。参議院選挙出馬を打診されたこともあれば、故郷の富山県知事選出馬も取り沙汰されたこともある。2002年には、当時の北海道知事・堀達也から副知事就任を要請され、またその年の夏休み前には当時の札幌市長・桂信雄から札幌市長選への後継出馬を要請された場面もあった。こうした動きに高橋本人は「役人生活をまっとうしたい」と言い続けてきた。しかし、自民党筋や経済界からの強い要請を受け、知事選出馬を決断した。

　2003年4月、高橋はるみは、道政史上初の女性知事となった。しかも、その後4期16年という、これまた道政史上初となる長期政権を務めあげるに至った。見た目は小柄で華奢だが、選挙での圧倒的強さなどを背景に、いつしか〝女傑〟〝北海道のゴッドマザー〟とまで囁かれる存在になるのである。

　一方で、最高権力者しか知りえない孤独や苦悩、葛藤があったであろうことは想像に難くない。知事という存在の影に隠された一人の女性の人間像を浮き彫りにしてみたい――端的にいえば、それが動機である。では、その動機をどのように具現化させるのか。先の通り、当社には撮りためている膨大な画像ストックがある。そこから〝人間・高橋はるみ〟にスポットを当てた写真をピックアップし、最高権力者の素顔に迫ることにした。

　また、一人の人間について16年という長きを追い続けた写真集というのは、あまり記憶にない。そういう意味では、当社としても挑戦だった。

　写真集の構想自体は5選も取り沙汰されていた2018年夏ごろからあったが、実質的な作業の開始は2019年の年明けから。2018年12月15日、本人からの知事選不出馬、参議院選挙立候補宣言を受けてからだ。

　正直なところ苦労の連続だった。まず『財界さっぽろ』に掲載されたグラビア案件を16年分、すべて洗い出した。その数532本。そのほかにもグラビアでは掲載にならなかったもの、記事やコラム欄などで使った写真もある。さらには必ずしも掲載を前提にしたものではなく、資料用に撮っている写真もある。たとえば高橋自身の選挙戦の模様や、国政選挙での応援風景などである。そうしたものを合わせるとチェックしなければならない画像は気の遠くなるような数になった。

　写真集制作の方法論として、これまで『財界さっぽろ』誌面で使った写真を再構成するという手法はあった。それはそれで悪くはない。編集面でも楽ではある。しかし、実際に誌面を飾った写真は、構成上、記念写真的なアングルが多くなる。それでは16年という長きにわたり北海道の最高権力者として君臨してきた人物の本当の姿は出てこない。それが表現できなければ、つくる意味がない。

　1行事につき『財界さっぽろ』に掲載される写真は多くても数枚である。1枚きりのときも多い。しかし、実際に現場でカメラマンが撮っているカットは相当数ある。掲載はされなくても〝いい写真〟はたくさんあるのだ。それが日の目を見ることなくストックされている。そもそも〝もったいない〟

話なのである。

　写真の話をすれば、高橋はるみが北海道知事になった2003年当時は、まさにフィルムカメラからデジタルカメラへの移行期にあたる。この写真集の9ページまでモノクロ写真なのは、紙焼き写真を使っているからだ。デジタルが主流になっていくのは、この年の秋ごろからである。そういう意味では、デジタルカメラの進歩と高橋道政は、まったくリンクしている。デジタルカメラが進化し、メモリー容量も大きくなってくると当然、撮る枚数が増えてくる。フィルム時代には考えられないような枚数になってしまうのである。これこそが、画像セレクトの最大の難関だった。

　デジタルカメラが主流になって以降、撮った画像はフィルム時代と比べものにならない。もちろん、案件によってとる枚数は違う。短時間で終わってしまう行事もあれば、数日にわたる行事もある。それらさまざまな案件で撮るカット数を、少なく見積もって1行事平均200枚と仮定してみる。それに532本のグラビア本数を単純に掛けると10万6400枚。画像をチェックした人間からすると、実際にそれくらいの画像を見たような気がする。もちろん、撮った写真すべてに高橋はるみが写っているわけではない。その場に居合わせた人物や風景も撮る。だからチェック作業は、高橋はるみが写っていない画像の削除から始まる。これをすべて終えるのに半年はかかったと思う。編集者の仕事はこの写真集だけではない。さまざまな仕事を並行しておこなっているので、結果としてこれくらいの時間を要したということである。

　これが第1段階。これも仮定だが、10万6400枚の中で、何らかの形で高橋はるみが写りこんでいる写真が半分あったとすれば、その数5万3200枚。ここからのセレクトが第2段階ということになる。それくらいのボリュームはあったと思う。

　各行事のセレクトが終わっても、そのすべてが掲載されるわけではない。写真集のページ数は決まっている。構成を考慮したうえで、どの行事の高橋を残し、どの行事を捨てるかの決断が第3段階になる。構成は、この写真集が単なる高橋道政の軌跡というだけではなく「平成後半」の北海道を知る資料にもすべきと考え、時系列での掲載とした。

　当初の発刊予定は、知事退任後、あまり時間を置かずにと考えていた。しかし、参議院選挙を控えていたり、編集作業が困難を極めていたことなどもあり、時期は遅らせることにした。高橋は知事時代から後援会主催のセミナーを年に1度開催している。後援会に聞いたところ参院選後の通常国会の状況を見ながら、秋にセミナーを開催するという。発刊はそれに合わせることにした。

　編集者というのは、走りながら考える癖がついている。走りながら方向性が収斂されていくと、より作業スピードも早まるもの。何だかんだと時間はかかったが、10月1日に使用写真とページ割りが決定。結局、写真の数は380枚におよんだ。

　ひと口に「16年」というが、実はとてつもなく長い時間の流れがある。16年という歳月は192カ月であり、5844日であり、12万8256時間である。人間、年を経るごとに時間の経過は早く感じるが「オギャー」と生まれた赤ん坊が高校生になっているという時間の経過がある。そう考えると、本当に長い。高橋自身も49歳から65歳になっていた。

　結果として、本人すら知らない表情が随所に掲載される写真集になった。本人に限らず「こんな高橋はるみがいたのか」と驚かれる人も続出するだろう。人間・高橋はるみを知るには十分なカットがそろっていると自負している。

　いうまでもなく写真集は〝いい写真〟がなければ成り立たない。その点は自信をもって世に出せるものに仕上がっていると断言できる。今回、このような形でストック写真を見直してみて、あらためてカメラマンの方々の努力に頭が下がる思いだ。本当に素晴らしい仕事をしている。

　この16年で北海道はどう変わったのだろうか。その評価については、ここで言及しない。先にも書いたが、この写真集は単なる高橋道政の軌跡というだけではなく、「平成後半」の北海道を知る資料にもなると考えている。本書を見ながらこの16年を振り返り、その間の北海道がどのような歩みを刻んだのか、そんなことを考えていただければ幸甚である。

（文中敬称略）

2019年10月　　　　　　　財界さっぽろ編集部

『財界さっぽろ』では毎年、新年号で知事インタビューを掲載している。
最後に16年分のインタビュー写真をまとめた。

2004年新年号掲載　　　2005年新年号掲載　　　2006年新年号掲載　　　2007年新年号掲載

2008年新年号掲載　　　2009年新年号掲載　　　2010年新年号掲載　　　2011年新年号掲載

2012年新年号掲載　　　　2013年新年号掲載　　　　2014年新年号掲載　　　　2015年新年号掲載

2016年新年号掲載　　　　2017年新年号掲載　　　　2018年新年号掲載　　　　2019年新年号掲載

高橋はるみ（たかはし・はるみ）

1954年（昭和29年）1月6日、富山県富山市生まれ。一橋大学経済学部卒。卒業論文「マクロ経済学のミクロ的基礎づけ」。1976年、通商産業省（現・経済産業省）入省。入省の動機は、仕事場の雰囲気が明るく活発であったことに魅力を感じたこと。大西洋国際問題研究所研究員、中小企業庁長官官房長課長、通産省貿易局輸入課長、中小企業庁経営支援部経営支援課長などを経て、2001年1月北海道経済産業局長、2002年12月経済産業研究所長。2003年4月から北海道知事を4期16年務める。2019年7月、参議院議員に当選。血液型：O型。家族：夫と長男・次男。

Harumi 16
高橋はるみ 北海道知事16年の軌跡

2019年11月20日　第1刷発行

発行者：舟本秀男
編集人：鈴木正紀
写　真：亀岡一雄、林直光、丸谷義博、宮沢修一、羽野繁、尾野公一、北海道庁提供、
　　　　北海道漁業協同組合連合会提供、JR北海道提供（順不同）
発行所：株式会社財界さっぽろ
　〒064-8550　札幌市中央区南9条西1丁目1-15
　電話　011-521-5151（代表）
　http://www.zaikaisapporo.co.jp
印刷：株式会社アイワード
製本：石田製本株式会社

※本書の全部または一部を複写（コピー）することは、著作権法上の例外を除いて禁じられています。インターネット、モバイル等の電子メディアにおける無断転載ならびに第三者によるスキャンやデジタル化もこれに準じます。
※万一、落丁乱丁のある場合は小社販売係までお送りください。送料小社負担でお取り替えいたします。
※定価はカバーに表示してあります。
ISBN 978-4-87933-528-9